Dieses Buch gehört

3. Klass-Unti
Wir leben
Kirche

Schülerbuch
3. Schuljahr

Autor **Jürg Bosshardt**
Illustrationen **Tanja Stephani**
Beratung **Dorothea Meyer-Liedholz**

Gott gibt Noah und allen Menschen ein grosses Versprechen

Als der Regen endlich aufhörte und die Erde wieder trocknete, lachten die Menschen auf der Erde vor Freude, und Noah sagte Gott laut Dank. Da freute auch Gott sich und sprach zu Noah und seiner Familie:

«Mit Menschen wie euch will ich mich gern verbünden. Für Menschen wie euch soll die Erde für immer bestehen. Verlasst euch darauf:

Nach jedem Winter kommt wieder ein Sommer. Nach jedem Frühling ein Herbst. Hell wird es nach der Dunkelheit und trocken nach dem Regen.»

Und Gott machte ein Zeichen unter sein Wort: Er spannte einen Bogen in die Wolken. Der schillerte in allen Farben, und die Regentropfen tanzten auf ihm und glänzten wie Edelsteine im Sonnenlicht.

Genesis 8+9, übertragen von Magdalene Pusch

Meiner Taufe auf der Spur

Wann wurdest du getauft?
Trage das Datum
deiner Taufe hier ein.

Wie heissen deine Gotte und dein Götti?
Lass dir von ihnen erzählen, wie sie
deine Taufe erlebt haben.

Wer hat dich getauft?
Trage den Namen des Pfarrers
oder der Pfarrerin
hier ein.

_____

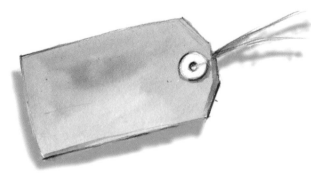

Wie lautet dein vollständiger Name?
Finde die Bedeutung deines Namens heraus.

Wie sah deine Taufkerze aus?
Vielleicht findest du sie auf Bildern
von deiner Taufe. Zeichne sie ab.

Wie lautet dein Taufspruch?
Trage den Taufspruch in schöner Schrift hier ein.

Wer war bei deiner Taufe noch dabei?
Gibt es eine Gruppenfoto von allen
Gästen? Erkennst du sie?

Wie sahst du im
Taufkleid aus?

Frage deine Eltern, ob dein Taufkleid aufbewahrt worden ist. Hast
du eine Foto von dir im Kleid?

Klebe es hier ein.

Worin befand sich
das Taufwasser?
In einem Gefäss
oder im Tauf-
becken?

In welcher Kirche wurdest du getauft?
Wo steht sie? _____
Wie heisst sie? _____

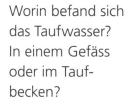

Ich taufe dich auf den Namen

Gottes,

    des V_____

       und des S_____

       und des H_____ G_____.

           Amen.

Die Taufe von Jesus

Joachim Schuster

Jesus kam aus Galiläa an den Jordan zu Johannes, um sich von ihm taufen zu lassen. Johannes wehrte ab: «Du kommst zu mir?», fragte er. «Dabei habe ich nötig, dass du mich taufst.»
Jesus antwortete: «Lass es zu. Es gehört sich, dass wir alles so tun, wie Gott es will.» Da gab Johannes nach.

Als Jesus getauft worden war und wieder aus dem Wasser stieg, ging der Himmel auf. Er sah den Geist Gottes herabfahren, wie eine Taube, und auf sich kommen. Und vom Himmel her redete eine Stimme: «Das ist mein Sohn, den ich lieb habe und an dem ich mich freue.»

Wasser

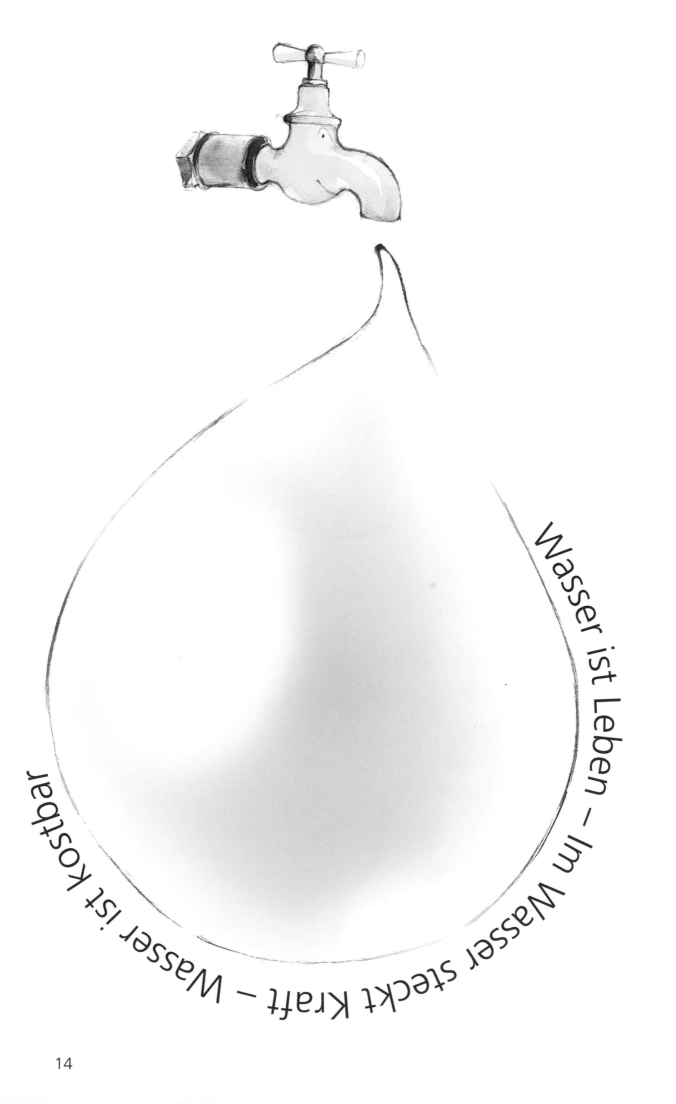

Wasser ist Leben – Im Wasser steckt Kraft – Wasser ist kostbar

Psalm 23

Ein Psalm Davids.

Der HERR ist mein Hirt, mir mangelt nichts,
er _____ mich auf grünen Auen.

Zur Ruhe am Wasser _____ er mich,
neues Leben gibt er mir.

Er _____ mich auf Pfaden
der Gerechtigkeit
um seines Namens willen.

Wandere ich auch im finstern Tal,
fürchte ich kein Unheil,
denn du bist bei mir,
dein Stecken und dein Stab,
sie _____ mich.

Du _____ mir den Tisch
im Angesicht meiner Feinde.
Du _____ mein Haupt
mit Öl,
übervoll ist mein Becher.

Güte und Gnade
werden mir
folgen alle
meine Tage,
und ich
werde _____
ins Haus des HERRN
mein Leben lang.

> **Lösungswörter**
> zurückkehren, trösten, führt,
> salbst, leitet, weidet, deckst

16

Die Taufe

Überall auf der Erde leben _____ . Sie sprechen verschiedene Sprachen und gehören zu unterschiedlichen _____ . Der Glaube an Christus und die _____ verbindet sie. Viele werden als Kinder getauft, andere als _____ .
Die Taufe kann in einer Kirche oder in einem _____ oder in einem Fluss stattfinden. Jeder Täufling wird mit _____ benetzt oder darin _____ .
Der Pfarrer oder Priester spricht dabei: «Ich taufe dich auf den Namen des _____ und des _____ und des _____ .»

Diese Wörter musst du einsetzen:
Wasser, Erwachsene, Sohnes, Taufe, untergetaucht, Kirchen, Vaters, See, Heiligen Geistes, Christen

Schreibe die Taufworte hier noch einmal auf. Du darfst die Sprache wählen.

Auf _____ heissen die Taufworte:

_____

_____

Martin von Tours

Es gibt immer wieder Menschen, denen es besonders gut gelingt, Liebe zu verschenken. Der heilige Martin war ein solcher Mensch.

Vor langer Zeit lebte in Ungarn ein römischer Offizier: Martins Vater. Sein Sohn sollte ebenfalls Soldat werden. Doch Martin ging viel lieber in die Kirche und betete. Seinen Eltern missfiel dies, denn sie waren beide keine Christen.

Mit fünfzehn Jahren wurde Martin Soldat. Wie sein Vater bekam auch er ein Schwert, ein Pferd und einen warmen Soldatenmantel.

An einem kalten Abend ritt der junge Offizier Martin in die Stadt Amiens. Es war ein weiter Weg zur Stadt, und Martin war froh, dass er seinen warmen Mantel hatte.

Als er in die Nähe des Stadttors kam, sah er eine dunkle Gestalt am Tor sitzen. Martin ritt ganz nahe heran. Da sah er einen Mann, der nur dünne, zerrissene Kleider trug und deswegen vor Kälte schlotterte. Schon sehr lange musste er frierend da gesessen haben.

Als er Martin sah, rief er: «Bitte hilf mir!» Viele Menschen hatte dieser Mann bereits um Hilfe gebeten. Keiner hatte ihn beachtet. Martin hatte Mitleid mit dem Bettler.

Er nahm sein Schwert und teilte seinen Mantel in zwei Teile. Den einen gab er dem Bettler. Mit der anderen Hälfte wärmte er sich selbst. Nun brauchte keiner von ihnen zu frieren.

Der Bettler dankte Martin überschwänglich. Doch Martin hatte gern geholfen. Er erwartete keinen Dank und ritt gleich weiter.

Von Martin das Teilen lernen

Taufgottesdienst

Name

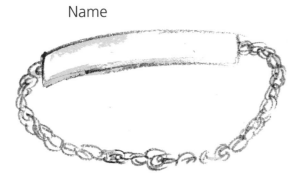

Platz für Foto des Täuflings
(oder eine andere Foto)

Das hat mir bei der Taufe gefallen

_____

_____

_____

_____

_____

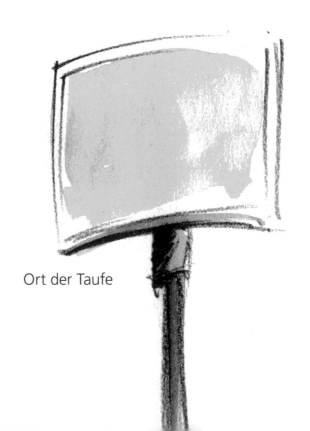

Ort der Taufe

Taufspruch

Geburtstag

Mein Wunsch für den Täufling

31

Es Gschänk vom Himmel

Text und Melodie: Andrew Bond

1. Du — bisch es Gschänk vom Him - mel, und mir — nä - meds aa. Mit al - lem, wo du bisch, mit al - lem, wo du gisch, mir sä - ged ja, mir sä - ged — ja.

2. S Läbe isch es Gschänk vom Himmel.
   Wer weiss, wohii s wird gaa.
   I allem, was es bringt,
   i allem, was es gitt,
   mir nämeds aa, mir nämeds aa.

3. Liebi isch es Gschänk vom Himmel.
   D Taufi (Sägnig) büütets aa.
   Mit allem, wo du bisch,
   mit allem, wo du gisch,
   au Gott seit ja, au Gott seit ja.

UNSER VATER IM HIMMEL.
GEHEILIGT WERDE DEIN NAME.
DEIN REICH KOMME.
DEIN WILLE GESCHEHE,
WIE IM HIMMEL, SO AUF ERDEN.
UNSER TÄGLICHES BROT GIB UNS HEUTE
UND VERGIB UNS UNSERE SCHULD,
WIE AUCH WIR VERGEBEN
UNSERN SCHULDIGERN.
UND FÜHRE UNS NICHT IN VERSUCHUNG
SONDERN ERLÖSE UNS VON DEM BÖSEN
DENN DEIN IST DAS REICH UND DIE KRAFT
UND DIE HERRLICHKEIT IN EWIGKEIT.
AMEN

Das Unservater 2

Samuel Buri

Unser Vater

Text: Liturgie
Melodie: Peter Janssens

Un - ser Va - ter im Him - mel. Ge -
hei-ligt wer-de dein Na - me. Dein Reich
kom - me. Dein Wil-le ge - sche - he,
wie im Him-mel, so auf Er - den.
Un - ser täg - li - ches Brot gib uns
heu - te. Und ver - gib uns
un-se-re Schuld, wie auch wir ver - ge - ben
un-sern Schul-di - gern. gern. Und
füh - re uns nicht in Ver - su - - -
chung, son-dern er - lö-se uns von dem
Bö-sen. Und Bö-sen. Denn dein ist das Reich
und die Kraft und die Herr-lich-keit in
E - wig-keit. A - men, A - - men!

Wie sollen wir beten?

Wer betet, redet mit Gott. Jesus hat immer wieder gebetet. Seine Freunde aber waren unsicher, wie sie mit Gott reden sollten.
Sie fragten Jesus: «Wie sollen wir beten?»
«So sollt ihr beten!», sagte Jesus und lehrte sie das Unservater.

Mit dem Unservater lehrte Jesus seine Freunde viel über das Beten: «Ihr dürft voller Vertrauen zu Gott wie zu einem guten Vater und zu einer guten Mutter beten. Gott sorgt für euch. Ihr dürft Gott um das bitten, was ihr zum Leben braucht.

Ihr dürft Gott auch um Schutz bitten. Vergesst nicht, was Gott wichtig ist. Wir gehören alle zusammen. Kommt und betet mit mir!»

Die Jünger haben das Gebet, das sie von Jesus gelernt hatten, später andere gelehrt. Auch wir möchten dieses Gebet verstehen, das Christen noch heute, mehr als 2000 Jahre später, rund um die Welt fast wörtlich gleich beten.

Alle Christinnen und Christen kennen das Unservater. Es wird in allen Kirchen und in allen Sprachen gebetet. Man nennt es auch das «Gebet des Herrn».

Geheiligt werde dein Name

Laudato si

Text: Winfried Pilz nach Franz von Assisi
Melodie: aus Italien

Kehrvers

G — Em
Lau-da-to si, o mio Sig-nor, lau-da-to

C
si, o mio Sig-nor, lau-da-to si,

D
o mio Sig-nor, lau-da-to si

1.-8. | G Schluss
o mio Sig-nor, lau-da-to si.

Strophen

G
1. Sei ge - prie-sen für al - le dei - ne

Em
Wer-ke! Sei ge - prie-sen für

Son - ne, Mond und Ster-ne!

C
Sei ge - prie-sen für Meer und Kon - ti -

D
nen-te! Sei ge - prie-sen – denn du bist

1.-8. | 9. / Schluss
wun-der - bar, Herr! wun-der-bar, Herr!

40

2. Sei gepriesen für Licht und Dunkelheiten!
   Sei gepriesen für Nächte und für Tage!
   Sei gepriesen für Jahre und Sekunden!
   Sei gepriesen – denn du bist wunderbar, Herr!

3. Sei gepriesen für Wolken, Wind und Regen!
   Sei gepriesen – du lässt die Quellen springen!
   Sei gepriesen – du lässt die Felder reifen!
   Sei gepriesen – denn du bist wunderbar, Herr!

4. Sei gepriesen für deine hohen Berge!
   Sei gepriesen für Fels und Wald und Täler!
   Sei gepriesen für deiner Bäume Schatten!
   Sei gepriesen – denn du bist wunderbar, Herr!

5. Sei gepriesen – du lässt die Vögel kreisen!
   Sei gepriesen – wenn sie am Morgen singen!
   Sei gepriesen für alle deine Tiere!
   Sei gepriesen – denn du bist wunderbar, Herr!

6. Sei gepriesen – denn du, Herr, schufst den Menschen!
   Sei gepriesen – er ist dein Bild der Liebe!
   Sei gepriesen für jedes Volk der Erde!
   Sei gepriesen – denn du bist wunderbar, Herr!

7. Sei gepriesen – du selbst bist Mensch geworden!
   Sei gepriesen für Jesus, unsern Bruder!
   Sei gepriesen – wir tragen seinen Namen!
   Sei gepriesen – denn du bist wunderbar, Herr!

8. Sei gepriesen – er hat zu uns gesprochen!
   Sei gepriesen – er ist für uns gestorben!
   Sei gepriesen – er ist vom Tod erstanden!
   Sei gepriesen – denn du bist wunderbar, Herr!

9. Sei gepriesen, o Herr, für Tod und Leben!
   Sei gepriesen – du öffnest uns die Zukunft!
   Sei gepriesen, in Ewigkeit gepriesen!
   Sei gepriesen – denn du bist wunderbar, Herr!

Wald-e-ma

Dein Wille geschehe, wie im Himmel so auf Erden

Brot in aller Welt

Und vergib uns unsere Schuld, wie auch wir vergeben unsern Schuldigern

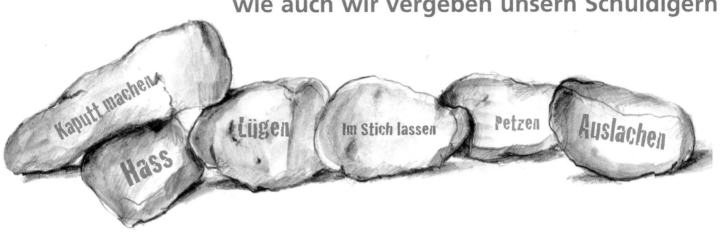

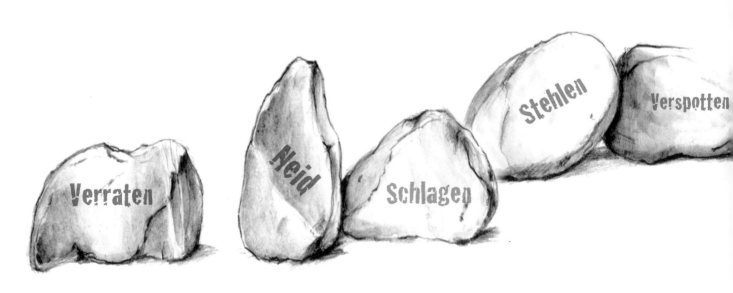

Und führe uns nicht in Versuchung, sondern erlöse uns von dem Bösen

**Denn dein ist das Reich und die Kraft
und die Herrlichkeit in Ewigkeit
Amen**

Auf dem Weg nach Jerusalem

Von Palmsonntag bis Ostern

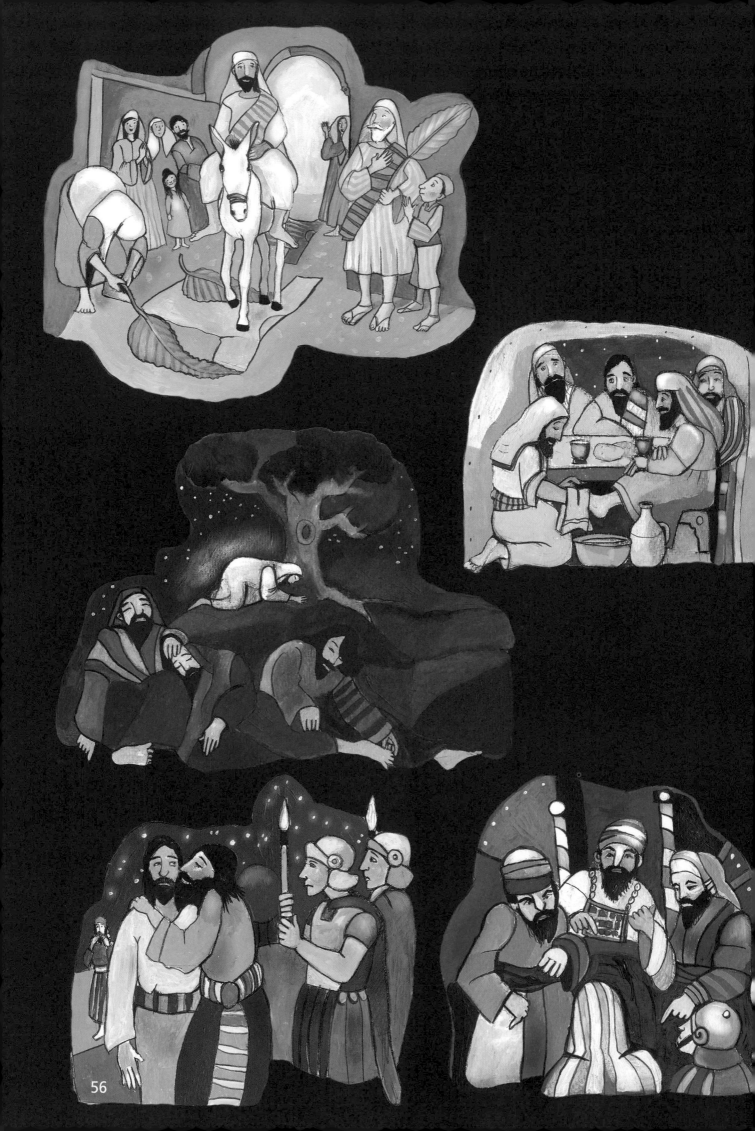

Bleibet hier und wachet mit mir

Text: Gesang aus Taizé nach Mt 26,38b
Melodie: Jacques Berthier (1923–1994)

Blei-bet hier und wa-chet mit mir!

Wa - chet und be - tet,

wa - chet und be - tet!

Gebet

Gott, Jesus hat sich eingesetzt für das,
was ihm wichtig war:
für Menschen, die ausgeschlossen waren,
für Menschen, die ohne Hoffnung waren,
für Menschen, die Hilfe brauchten,
doch Menschen haben ihn umgebracht,
weil er so lebte, wie du es willst.

Er fühlte sich verlassen, aber du warst bei ihm.
Wir bitten dich, Gott, lass Menschen spüren,
dass du bei ihnen bist,
wenn sie sich einsetzen für ein Leben,
wie du es willst.

Amen.

Das tut zu meinem Gedächtnis

Der Herr, Jesus,
nahm in der Nacht,
da er ausgeliefert wurde,
Brot,
dankte,
brach es
und sprach:
Dies ist mein Leib für euch.
Das tut zu meinem Gedächtnis.

Ebenso nahm er nach dem Essen
den Kelch und sprach:
Dieser Kelch ist der neue Bund
in meinem Blut.
Das tut,
sooft ihr daraus trinkt,
zu meinem Gedächtnis.

1. Korinther 11

Ich laden oi ii

Text und Melodie: Andrew Bond

Ich la-den oi ii zu Brot und
Je - sus
A miim

Wii und zum mit mir zä-me - sii.
seit: «Ich lad oi ii.
Tisch dörf je - de sii.

Dän-ked a mich und a miis Riich, dänn wird ich
Chö-med al - li,
Im - mer bin ich

im - imer bin oi sii. Ich la-den oi
Gross und Chlii.
au - de bii.»

Wenn wir jetzt weitergehen

Text und Melodie: Kurt Rommel

E 1. Wenn wir jetzt wei-ter-ge-hen, dann sind wir nicht al-lein. A Wenn wir jetzt wei-ter-ge-hen, dann sind wir nicht al-lein. E Der Herr hat uns ver-spro-chen, bei uns zu sein. A Der Herr hat uns ver-spro-chen, bei uns zu sein.

2. Wir nehmen seine Worte
   und Taten mit nach Haus (2x)
   und richten unser Leben
   nach seinem aus. (2x)

3. Er hat mit seinem Leben gezeigt,
   was Liebe ist. (2x)
   Bleib bei uns heut und morgen,
   Herr Jesu Christ. (2x)

Joachim Schuster

64

Zachäus

Sieger Köder

Der verlorene Sohn

Wenn Jesus lädt zu Tische

Text: Rolf Krenzer
Melodie: Reinhard Horn

Kehrvers

Fünf Bro-te und zwei Fi-sche. Kommt
her, wer Hun-ger hat! Wenn
Je-sus lädt zu Ti-sche, dann
wer-den al-le satt.

Strophen

1. So vie-le sind ge-kom-men. Sie
Die Jün-ger mei-nen spä-ter, sie

ka-men von weit her und
wer-den hung-rig sein. «Dann

wolln mit Je-sus spre-chen. Es
la-det sie zum Es-sen!», sagt

wer-den im-mer mehr!
Je-sus, «al-le ein!»

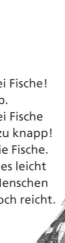

2. Fünf Brote und zwei Fische!
   Wir geben gerne ab.
   Fünf Brote und zwei Fische
   sind selbst für uns zu knapp!
   Verteilt das Brot, die Fische.
   Dann seht ihr, dass es leicht
   für viele tausend Menschen
   zum Sattwerden noch reicht.

3. Kommt her und lasst uns essen!
   Greift zu, wer Hunger hat!
   Fünf Brote und zwei Fische!
   Da wird doch keiner satt!
   Doch als sie dann verteilen,
   da wundern sie sich sehr.
   Es bleiben ihre Körbe
   noch immer voll und schwer.

4. Sie teilen Brot und Fische,
   und alle werden satt.
   Nun seht, dass man am Ende
   sogar noch übrig hat.
   Fünf Brote und zwei Fische.
   Kommt her, wer Hunger hat!
   Wenn Jesus lädt zu Tische,
   dann werden alle satt.

5. Das Wunder und die Botschaft –
   wenn wir sie recht verstehn –
   kann jederzeit das Wunder
   auch hier bei uns geschehn.
   Gibt einer nur dem andern
   von dem ab, was er hat,
   dann werden alle Menschen
   auf Erden richtig satt.

Fünf Brote und zwei Fische

Der Junge teilt, was er hat.
Was hast du? Was könntest du mit anderen teilen?
Schreibe oder zeichne, was du teilen möchtest!

Brote und Fische im Mosaik

Dieses Mosaik kann man in der Brotvermehrungskirche in Tabgha am See Gennesaret anschauen. Es ist schon sehr alt. Christen und Christinnen erinnern sich daran, dass Jesus die Hungrigen satt macht und dass auch sie teilen wollen.

Gestalte selbst einen Brotkorb oder einen Fisch.

Erinnerung an das Abendmahl

Pfingsten

Joachim Schuster

In den Schuhen des anderen

Grosser Gott, steh mir bei,
dass ich über keinen
Menschen urteile,
bevor ich nicht zwei Wochen
lang in seinen Mokassins
gegangen bin.

Gebet eines Sioux-Indianers

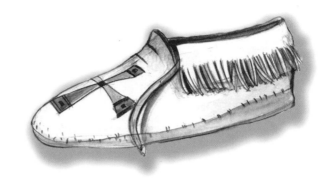

Zeichen von Gottes Geist

Herr, gib mir Mut zum Brückenbauen

Text: Kurt Rommel
Melodie: Markus Jenny
© by Gustav Bosse Verlag, Kassel

1. Herr, gib mir Mut zum Brü-cken-bau-en.
Gib mir den Mut zum ers-ten Schritt.
Lass mich auf dei-ne Brü-cken trau-en,
und wenn ich ge-he, geh du mit.

2. Ich möchte gerne Brücken bauen,
wo tiefe Gräben nur zu sehn.
Ich möchte hinter Zäune schauen
und über hohe Mauern gehn.

3. Ich möchte gerne Hände reichen,
wo harte Fäuste sich geballt.
Ich suche unablässig Zeichen
des Friedens zwischen Jung und Alt.

4. Ich möchte nicht zum Mond gelangen,
jedoch zu meines Feindes Tür.
Ich möchte keinen Streit anfangen;
ob Frieden wird, das liegt an mir.

5. Herr, gib mir Mut zum Brückenbauen.
Gib mir den Mut zum ersten Schritt.
Lass mich auf deine Brücken trauen,
und wenn ich gehe, geh du mit.

Eine Brücke bringt uns zusammen

O Herr, mach mich zu einem Werkzeug deines Friedens:

dass ich Liebe übe, wo man sich hasst,

dass ich verzeihe, wo man sich beleidigt,

dass ich verbinde, da wo Streit ist,

dass ich die Wahrheit sage, wo der Irrtum herrscht,

dass ich den Glauben bringe, wo der Zweifel drückt,

dass ich die Hoffnung wecke, wo Verzweiflung quält,

dass ich dein Licht anzünde, wo die Finsternis regiert,

dass ich Freude mache, wo der Kummer wohnt.

Ach Herr, lass du mich trachten,

nicht dass ich getröstet werde, sondern dass ich tröste,

nicht dass ich verstanden werde, sondern dass ich verstehe,

nicht dass ich geliebt werde, sondern dass ich liebe.

Denn, wer da hingibt, der empfängt,

wer sich selbst vergisst, der findet,

wer verzeiht, dem wird verziehen,

und wer da stirbt, der erwacht zum ewigen Leben.

Amen.

Franziskanisches Gebet

Unser Leben sei ein Fest

Text: Metternich-Team / Kurt Rose
Melodie: Peter Janssens

1. Un-ser Le-ben sei ein Fest, Je-su
Geist in un-se-rer Mit-te, Je-su
Werk in un-se-ren Hän-den, Je-su
Geist in un-se-ren Wer-ken. Un-ser
Le-ben sei ein Fest, so wie
heu-te an je-dem Tag.

2. Unser Leben sei ein Fest,
   Brot und Wein für unsere Freiheit,
   Jesu Wort für unsere Wege,
   Jesu Weg für unser Leben.
   Unser Leben sei ein Fest,
   so wie heute an jedem Tag.

3. Unser Leben sei ein Fest,
   Jesu Wort auf unseren Lippen,
   Jesu Güte in unseren Worten,
   Jesu Liebe in unseren Herzen.
   Unser Leben sei ein Fest,
   so wie heute an jedem Tag.

Die goldene Regel von Jesus

_____

_____

_____

_____

_____

_____

Matthäus 7,12

Der barmherzige Samaritaner

Vincent van Gogh

Wie wir helfen können

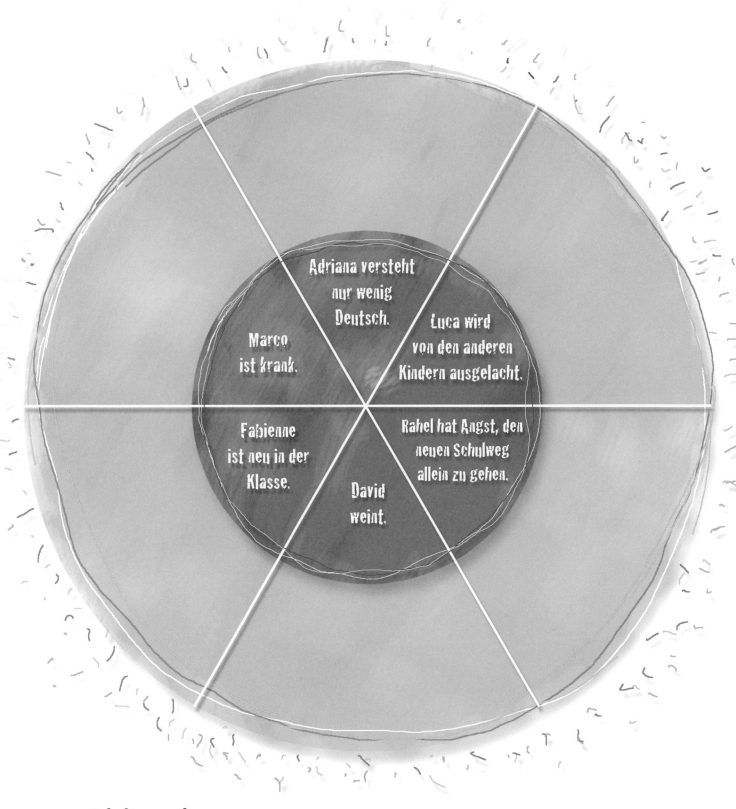

Adriana versteht nur wenig Deutsch.

Luca wird von den anderen Kindern ausgelacht.

Marco ist krank.

Fabienne ist neu in der Klasse.

Rahel hat Angst, den neuen Schulweg allein zu gehen.

David weint.

Arbeitsanweisung

Überlegt, wie ihr helfen könntet.

Schreibt oder malt eure Vorschläge in den äusseren Kreisabschnitt.

Findet ihr mehrere Lösungen?

Der Weg des Christophorus

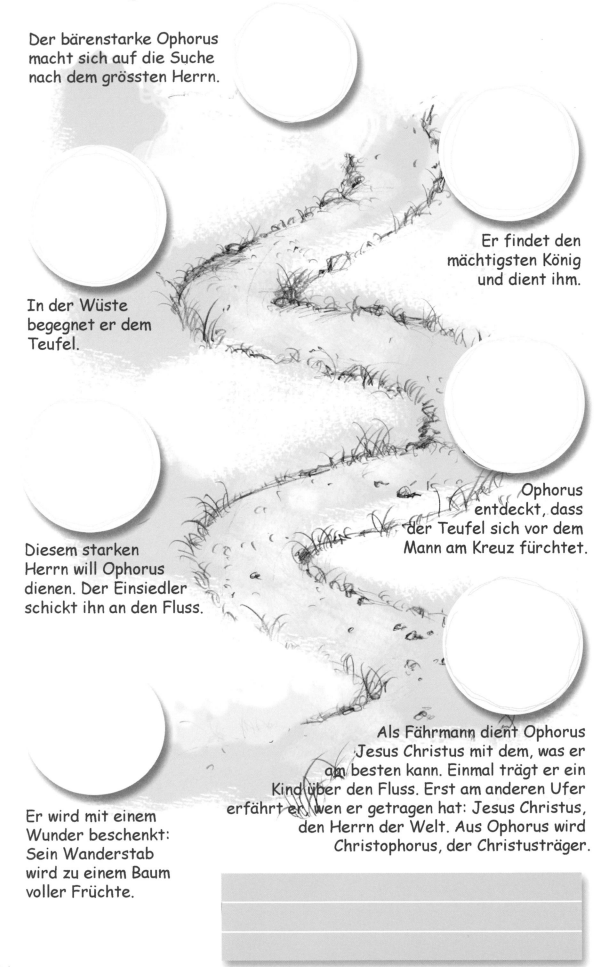

Der bärenstarke Ophorus macht sich auf die Suche nach dem grössten Herrn.

Er findet den mächtigsten König und dient ihm.

In der Wüste begegnet er dem Teufel.

Diesem starken Herrn will Ophorus dienen. Der Einsiedler schickt ihn an den Fluss.

Ophorus entdeckt, dass der Teufel sich vor dem Mann am Kreuz fürchtet.

Er wird mit einem Wunder beschenkt: Sein Wanderstab wird zu einem Baum voller Früchte.

Als Fährmann dient Ophorus Jesus Christus mit dem, was er am besten kann. Einmal trägt er ein Kind über den Fluss. Erst am anderen Ufer erfährt er, wen er getragen hat: Jesus Christus, den Herrn der Welt. Aus Ophorus wird Christophorus, der Christusträger.